BEI GRIN MACHT SICH IHR WISSEN BEZAHLT

- Wir veröffentlichen Ihre Hausarbeit, Bachelor- und Masterarbeit

- Ihr eigenes eBook und Buch - weltweit in allen wichtigen Shops

- Verdienen Sie an jedem Verkauf

Jetzt bei www.GRIN.com hochladen und kostenlos publizieren

Neuere Phishingmethoden und Möglichkeiten der Prävention

Joachim Kienzler

Bibliografische Information der Deutschen Nationalbibliothek:

Die Deutsche Nationalbibliothek verzeichnet diese Publikation in der Deutschen Nationalbibliografie; detaillierte bibliografische Daten sind im Internet über http://dnb.d-nb.de abrufbar.

ISBN: 9783346863652
Dieses Buch ist auch als E-Book erhältlich.

© GRIN Publishing GmbH
Trappentreustraße 1
80339 München

Alle Rechte vorbehalten

Druck und Bindung: Books on Demand GmbH, Norderstedt Germany
Gedruckt auf säurefreiem Papier aus verantwortungsvollen Quellen

Das vorliegende Werk wurde sorgfältig erarbeitet. Dennoch übernehmen Autoren und Verlag für die Richtigkeit von Angaben, Hinweisen, Links und Ratschlägen sowie eventuelle Druckfehler keine Haftung.

Das Buch bei GRIN: https://www.grin.com/document/1353126

Name: Joachim Kienzler 08.02.2023

Seminar: Datenschutz im Unternehmen

Bachelor of Laws Wirtschaftsrecht

Neuere Phishing-Methoden und deren Prävention

Seminararbeit

Inhaltsverzeichnis

1. Einleitung 1

2. Phishing – Begriffsklärung und Abgrenzung 1

2.1 Klassisches E-Mail Phishing 2

2.2 Neuere Phishingmethoden 3

2.2.1 Spearphishing.. 3

2.2.2 Google Drive-Scam / Google Docs Phishing / Dropbox Phishing 3

3. Prävention - Begriffsklärung und Abgrenzung... 5

3.1 Klassische Phishingprävention 5

3.1.1 Starke Passwörter 5

3.1.2 HASP / Kartenlesegeräte / Biometrische 6

3.2 Neuere Phishingprävention.. 6

3.2.1 OTP / OATH Token 6

3.2.2 Zwei-Faktor-Authentifizierung / Multi-Factor Authentification 7

3.2.3 Weiterbildungsmaßnahmen / Datenschutzseminare.. 8

4. Fazit.. 9

Abbildungs- und Tabellenverzeichnis

Abbildung 1:.. 18

Abbildung 2:.. 18

Abbildung 3:.. 19

Abbildung 4:.. 20

Abbildung 5:.. 21

Abbildung 6:.. 21

Abbildung 7:.. 21

Abbildung 8:.. 21

Abkürzungsverzeichnis

HASP - Hardware Against Software Piracy

OTP - One Time Password

TOTP - Time-based One Time Password

HOTP - Hash-based Message Authentication Code One Time Password

OATH - Initiative for Open Authentication

2FA - Zwei-Faktor-Authentifizierung

OSINT - Open Source Intelligence

PSD2 - Payment Service Directive 2

RBA - Risk-based authentication

UBA - User Behavior Analytics

NFC – Near field communication

1. Einleitung

Ununterbrochen nimmt die Vernetzung der Weltbevölkerung zu und mit den Restriktionen aus der Coronakrise haben Firmen noch stärker in digitale Kommunikation investiert als jemals zuvor (Bellmann, L. et al., 2021; Dreißigacker, A. et al., 2021). Durch die fortschreitende Digitalisierung der Unternehmenswelt sind Datenschutz und Datensicherheit stetig wichtiger geworden, da mit zunehmender Digitalisierung auch die Möglichkeiten für Cyberkriminalität wachsen. Nicht verwunderlich ist es deshalb, dass auch die Straftaten und deren Auswirkungen in den Jahren 2020 bis 2022 im Vergleich zu den Vorjahren weiter gestiegen sind (Bellmann, L. et al., 2021). Durch Diebstahl von Daten entsteht allein der deutschen Wirtschaft jährlich ein Schaden von rund 203 Milliarden Euro (Bitkom Presseinformation, 2022).

Eine dieser Bedrohungen ist das Phishing, bei dem Angreifer versuchen, an vertrauliche Informationen wie Passwörter, Kreditkartendaten oder Bankkonten von Opfern zu gelangen. Phishing belegt dabei mit „Angriffe auf Passwörter" und „Infizierung mit Schadsoftware bzw. Malware" im Jahr 2022 den ersten Platz bei Cyberangriffen (Berg, A., 2022). Neben den klassischen Phishingmails, welche sich allerdings auch weiterentwickelt haben, scheint die Kreativität von Cyberkriminellen kein Ende zu finden. So bringen neuere technische Entwicklungen und immer raffiniertere Methoden das Phishing im Jahr 2022 zu einem noch nicht dagewesenen Höhepunkt.

Aus diesem Grund ist es wichtig, die Gefährlichkeit von Cyberkriminalität einschätzen zu können. Im Speziellen soll diese Seminararbeit das Thema „Moderne Phishingmethoden und deren Prävention" bearbeiten, hauptsächlich in Bezug auf die Unternehmenswelt. Die in den letzten Jahren aufgekommenen Methoden werden dabei erläutert und auf Präventionsmaßnahmen eingegangen.

2. Phishing – Begriffsklärung und Abgrenzung

„Passwortfishing" oder "Phishing" ist eine Form der Cyberkriminalität, bei der Angreifer versuchen, an vertrauliche Informationen von Opfern zu gelangen. Es gibt verschiedene Methoden, doch eine der Häufigsten ist die Nutzung von gefälschten E-Mails oder Webseiten (Deutsche Gesellschaft für Cybersicherheit, 2020). Diese erscheinen vertrauenswürdig, um den Benutzer dazu zu bringen, ihre persönlichen Daten preiszugeben. Eine Täuschung kann dabei eine vermeintlich echte E-Mail von einer Institution sein, welcher man vertraut (Abbildung 1). Zusätzlich wird dem Opfer teilweise vorgegaukelt, es müsse wichtige Daten aktualisieren oder das Mitwirken sei, oft innerhalb eines kurzen Zeitraums, notwendig (BSI, 2023a).

Phishing unterscheidet sich von anderen Formen der Cyberkriminalität wie Malware oder Ransomware, da es sich nicht direkt gegen das System oder die Infrastruktur eines Unternehmens richtet, sondern gegen individuelle Benutzer. Es ist auch eine Art des Social Engineering, da es auf psychologische Tricks und Manipulationen setzt, um Benutzer dazu zu bringen, vertrauliche Informationen preiszugeben (EASYDMARC, 2022).

Beim Begriff des „Phishing" handelt es sich um ein Kofferwort, welches sich aus den englischen Wörtern „Password" und „Fishing" zusammensetzt. Abgesehen von der Phonetik wird das erste „h" mit dem englischen Begriff des Erntens (harvest) erklärt (Polizei-Prävention.de, 2023). Andere Quellen erklären das Ph als Entlehnung aus dem Begriff „Phreaking", welches sich aus „Phone" und „freak" zusammensetzt (Belcic, I., 2022). Wörtlich übersetzt geht es dem Angreifer also darum, sich das Passwort seines Opfers zu angeln. Das Angeln steht hierbei als Analogie für die Ausführung des Täters, sich durch Köder und Täuschung einer Sache des Opfers zu bemächtigen. Dem Opfer wird dabei eine Sicherheit vorgegaukelt, welche dazu führt, dass dieses seine persönlichen Daten preisgibt.

Allerdings ist „Phishing" trotz der Wortzusammensetzung nicht auf Passwörter beschränkt, sodass durch Phishing alle Arten von Daten gesammelt werden können (Resilience Operation Center, 2022). Die gefischten Daten können von einfachen E-Mail-Adressen bis zu brisantesten persönlichen Daten wie Online Banking Zugängen oder Medien der Intimsphäre reichen.

Besonders lukrativ können auch Phishingangriffe auf Unternehmen sein. Es gibt eine Vielzahl von Faktoren, die den Preis für einen Passwortfishing-Angriff beeinflussen können, einschließlich der Größe und dem Ruf des Zielunternehmens, der Komplexität des Angriffs und der Art der gestohlenen Daten. In einigen Fällen könnten die Kosten für einen Passwortfishing-Angriff niedrig sein, wenn die Angreifer nur nach einfachen, leicht zu erratenden Passwörtern suchen und nur wenige Benutzer betreffen. In anderen Fällen könnten die Kosten jedoch deutlich höher sein, wenn die Angreifer nach vertraulichen Geschäftsdaten oder sensiblen persönlichen Informationen suchen und eine große Anzahl von Benutzern betreffen. Die Preise rangieren derzeit zwischen einigen hundert US-Dollar und mehreren hunderttausend US-Dollar. Den Zugang zu einem 465 Millionen US-Dollar Unternehmen wurde für 50000 US-Dollar verkauft (Jaun, R., 2022). Dabei sollte beachtet werden, dass die Kosten für Passwortfishing-Angriffe nicht nur in monetärer Hinsicht gemessen werden können. Unternehmen, die Opfer von Passwortfishing-Angriffen werden, können auch Reputationsschäden erleiden und vertrauenswürdige Kunden verlieren, was zu langfristigen finanziellen Verlusten führen kann.

2.1 Klassisches E-Mail Phishing

Beim klassischen Phishing versendet ein Täter E-Mails an seine Opfer, in denen er sie auffordert, persönliche Daten zu übermitteln. Dabei spiegelt der Täter den Opfern vor, die E-Mail käme aus einem vertrauten Umfeld und die Übermittlung der Daten wäre für die weitere Zusammenarbeit notwendig. Diese Form kommt oft in Zusammenhang mit Nutzern von Onlinediensten oder Online-Banking Kunden vor, bei denen finanzielle Dienstleistungen über das Internet abgewickelt werden (Fox, Dirk, 2005). Allerdings muss der Täter erst eine E-Mail-Adresse kennen. Im Gegensatz zu privaten E-Mail-Adressen, welche selten einem klaren Muster folgen und im Internet als Listen gegen Geld gekauft werden (Sandler, 2021) können, sind generische E-Mail-Adressen in der Unternehmenswelt die Norm. Oft sind sie eine Kombination aus vorname.nachname@unternehmen.de (Abbildung 2) oder können direkt von der Unternehmenswebseite importiert werden (Abbildung 3).

Zusätzlich zu der Adresse kann der Angreifer seine Chancen verbessern, indem er für ein vertrauensvolles Umfeld sorgt. Um sich das Vertrauen der Opfer zu sichern, versuchen Angreifer, echte Informationen zu erlangen. Hierbei nutzen sie Open Source Intelligence (OSINT), um diese Informationen aus öffentlich zugänglichen Quellen wie Webseiten, sozialen Medien, Presseberichten und anderen öffentlich zugänglichen Dokumenten zu erhalten (Sjouwerman, 2022). Dargestellt wird dies durch ein OSINT Framework, welches eine Sammlung von Tools und Methoden ist (Abbildung 4). Das Ziel eines OSINT Frameworks ist es, eine umfassende Übersicht über ein bestimmtes Thema zu gewinnen und dadurch Einblicke zu gewinnen, die sonst schwer zu erlangen sind. Des Weiteren lassen sich so die gewonnenen Informationen leichter verarbeiten.

2.2 Neuere Phishingmethoden

Die neusten Phishingmethoden sind immer diejenigen, die am besten an die aktuellen Sicherheitsmaßnahmen angepasst sind und am besten dazu geeignet sind, Opfer zu täuschen und vertrauliche Informationen zu stehlen. Eine vollständige Liste der neusten Phishingmethoden zu erstellen, würde den Rahmen dieser Arbeit sprengen, da sich diese ständig ändern und sich Angreifer ständig neue Taktiken und Techniken ausdenken. Allerdings gibt es einige allgemeine Trends und Techniken, die in den letzten Jahren vermehrt zum Einsatz kommen.

2.2.1 Spearphishing

Spearphishing ist von den neueren Phishingmethoden dieser Arbeit die Älteste und stellt eine Form des Social Engineering dar, bei dem Angreifer versuchen, Zugriff auf ein Netzwerk oder persönliche Daten zu erlangen, indem sie gezielt einzelne Personen oder Gruppen von Personen ansprechen (Bedell, 2021). Im Gegensatz zu "normalen" Phishing-Angriffen, die in der Regel an eine große Anzahl von Personen gesendet werden, sind Spearphishing-Angriffe auf eine kleinere Gruppe von Personen oder Einzelpersonen abgestimmt und wirken daher oft glaubwürdiger. Die Angreifer nutzen dabei oft persönliche Informationen, die sie im Internet gefunden oder über andere Kanäle erhalten haben, um ihre Angriffe zu personalisieren und die Opfer dazu zu bringen, auf Links oder Anhänge in den E-Mails zu klicken oder ihre Anmeldeinformationen preiszugeben. Spearphishing kann in vielen Formen auftreten, einschließlich E-Mails, Textnachrichten und sogar sozialen Medien.

2.2.2 Google Drive-Scam / Google Docs Phishing / Dropbox Phishing

Beim Google Drive-Scam / Google Docs Phishing / Dropbox Phishing wird das Opfer vom Angreifer aufgefordert, das eigene Google- bzw. Dropboxkonto mit dem des Angreifers zu verknüpfen. Durch Ausführung einer Einladung und das Verknüpfen der Knoten können Kontaktlisten und sensible Kontaktinformationen freigegeben werden. Zusätzlich erhöht sich die Gefahr einer Malwareinfektion durch den gegenseitigen Zugriff auf die Clouddaten (SiBa, 2020). Da die Zielseite hier tatsächlich Google Docs bzw. Dropbox ist und der Täter die Seite nicht manipulieren muss, ist diese Methode besonders unverdächtig. Eine weitere Möglichkeit ist das Hinzufügen von E-Mail-Adressen durch das @-Symbol. Dabei werden den E-Mail-Adressen, welche so in einem Google-Dokument verlinkt werden, ein Link geschickt, welcher zu einer hinterlegten Malware führt (Whitney, 2022).

2.2.3 SSL-Tarnung

SSL-Tarnung ist eine Technik, die von Cyberkriminellen verwendet wird, um ihre Angriffe zu verschleiern und zu tarnen. Sie wird häufig im Zusammenhang mit Malware-Angriffen und Phishing-Betrug genutzt, um Benutzer dazu zu bringen, auf Links oder Anhänge in E-Mails oder auf gefälschten Websites zu klicken, die ihre Anmeldeinformationen oder andere vertrauliche Daten stehlen sollen. SSL (Secure Sockets Layer) ist ein Sicherheitsprotokoll, das verwendet wird, um sichere Verbindungen zwischen Web-Servern und Clients herzustellen. Es wird häufig dazu genutzt, um sichere Verbindungen zu E-Commerce-Websites, Banken und anderen Diensten herzustellen, die vertrauliche Informationen von Benutzern erfassen. Die Vorgehensweise der Angreifer besteht in der Regel darin, sich Original-SSL-Zertifikate für ähnlich aussehende oder mit Tippfehlern versehene Domains zu beschaffen oder SSL-Zertifikate auf einfachem Wege zu stehlen.

Untersuchungen von Deloitte haben ergeben, dass 91 % aller Cyberangriffe mit einer Phishing-E-Mail an unerwartete Opfer beginnen (Thompson, 2021). Wenn Benutzer auf einen Link oder einen Anhang in einer E-Mail klicken oder ihre Anmeldeinformationen auf einer gefälschten Website eingeben, werden diese Daten jedoch an die Angreifer übertragen, anstatt an den legitimen Dienst oder die legitime Website. Obwohl diese Art des Phishings bereits seit 2005 im Umlauf ist, hat sich die SSL-Tarnung stetig weiterentwickelt. Ein bekanntes Beispiel für Phishing-Angriffe mittels E-Mails und ähnlich aussehender Webseiten ist der Angriff auf Sony Pictures im Jahr 2014. Es wird vermutet, dass Hacker gefälschte E-Mails mit dem Betreff "Apple-ID" an Mitarbeiter von Sony gesendet hatten, die auf einen Link in der E-Mail klickten und dadurch auf eine Webseite weitergeleitet wurden, die der echten Apple-Website stark ähnelte. Dies ermöglichte den Hackern, in das Unternehmen einzudringen und wertvolle Daten wie Passwörter und Logins zu stehlen. (Thompson, 2021).

2.2.4 Clone Phishing

Clone Phishing ist eine weiterentwickelte Form des Phishings, bei der Angreifer eine bereits existierende und vertrauenswürdige E-Mail oder Nachricht kopieren und die Links oder Anhänge in der Kopie ändern, um die Empfänger dazu zu bringen, auf eine gefälschte Website oder einen gefälschten Anhang zu klicken, der Malware oder persönliche Informationen enthält. Der Angriff nutzt das Vertrauen, das die Empfänger in die ursprüngliche E-Mail oder Nachricht haben, um sie dazu zu bringen, die gefälschte Nachricht als legitim anzusehen und auf sie zu reagieren (Sunny, 2022). Infolgedessen kann Malware übertragen werden.

2.2.5 Ai Voice Cloning

AI voice cloning ist eine Technologie, die es ermöglicht, menschenähnliche Stimmen synthetisch zu erzeugen. Sie nutzt künstliche Intelligenz, um die Eigenheiten der Stimme einer bestimmten Person zu analysieren und um anschließend eine Stimme zu generieren, die dieser Person sehr ähnlich ist. Dies kann sowohl für Text-to-Speech-Systeme (TTS) als auch für Spracherkennungssysteme verwendet werden. Allerdings kann die AI voice cloning Technologie auch dazu genutzt werden, Phishing zu betreiben (Baker, 2021). Im Jahr 2020 erhielt ein Bankmanager in Hongkong einen Anruf von einer Person, die ihm vertraut vorkam - es war die Stimme eines Direktors eines Unternehmens, mit dem er schon früher gesprochen hatte. Der Direktor teilte dem Bankmanager gute Neuigkeiten mit: Sein Unternehmen stand kurz vor einer Übernahme und er benötigte die Hilfe der Bank, um einige Überweisungen im Wert von 35 Millionen Dollar zu genehmigen. Ein Anwalt mit dem Namen Martin Zelner war damit beauftragt, die Abläufe zu koordinieren und der Bankmanager konnte E-Mails des Geschäftsführers und von Zelner in seinem Posteingang sehen, die bestätigten, welches Geld wohin überwiesen werden sollte. Der Bankdirektor glaubte, dass alles legal war und gab die Überweisungen in Auftrag (Brewster, 2021).

3. Prävention - Begriffsklärung und Abgrenzung

Phishingprävention bezieht sich auf die Maßnahmen, die ergriffen werden, um sich vor Phishing-Angriffen zu schützen. Dabei kann man zwischen der klassischen Phishingprävention (starke Passwörter, umsichtiges Bedienen der Soft- und Hardware sowie Verschwiegenheit in Bezug auf persönliche Daten) und modernerer Phishingprävention (PPVZ, Multi Factor Authentification) unterscheiden. In allen Fällen besteht jedoch die Notwendigkeit, die Präventionsmethode auf dem Laufenden zu halten oder in regelmäßigen Abständen auszutauschen.

3.1 Klassische Phishingprävention

Es gibt verschiedene Maßnahmen, die Unternehmen und Individuen ergreifen können, um sich vor Phishing-Angriffen zu schützen. Zu diesen zählen das Verwenden einer aktuellen Antivirus-Software und Firewalls. Diese Tools können dazu beitragen, das Risiko von Malware-Angriffen zu minimieren, die häufig im Zusammenhang mit Phishing-Angriffen verwendet werden. Zur wichtigsten klassischen Phishingprävention gehört jedoch immer noch der gesunde Menschenverstand. Kein seriöses Unternehmen fordert jemanden auf, vertrauliche Daten preiszugeben. Selbst bei geringem Zweifel sollte eine weitere Überprüfung stattfinden, zum Beispiel eine telefonische Abfrage. Ebenfalls ist bei der Einwahl in öffentliche Wi-Fi-Netzwerke Vorsicht geboten, da es hier zu einem Austausch von sensiblen Daten zwischen dem Endgerät und den Wi-Fi-Netzwerken kommen kann.

3.1.1 Starke Passwörter

Noch heute sind die meisten Zugänge lediglich benutzername- und passwortgeschützt, weshalb das Erstellen von starken Passwörtern den Grundstein für Phishinghprävention bildet. Benutzer sollten sichere Passwörter verwenden, die aus einer Kombination von Buchstaben, Zahlen und Sonderzeichen bestehen und regelmäßig geändert werden. Dabei sollten mindestens zwölf Zeichen genutzt werden, wobei diese aus einer Kombination von Zahlen, großen und kleinen Buchstaben sowie Symbolen bestehen sollten (Neskey, 2022. Hive Systems) (Abbildung 5). Es sollten keine leicht erratbaren Passwörter wie Namen oder Geburtsdaten genutzt werden. Des Weiteren ist vor dem Anklicken von Links und Anhängen äußerste Vorsicht geboten. Benutzer sollten deshalb Links in E-Mails oder Anhänge von unbekannten Absendern nicht öffnen und von der Informationstechnischen Abteilung untersuchen lassen. Auch das Aufrufen von Webseiten sollte durch dafür bereitgestellte und sichere Links erfolgen oder durch eine direkte Eingabe der Adresse in der Adressleiste.

3.1.2 HASP / Kartenlesegeräte / Biometrische

Eine weitere Sicherheitsmethode sind externe Kartenlesegeräte und Kopierschutzstecker (HASP), auch bekannt als Hardlocks oder Dongle (Merriam-Webster, 2014). Dongles sind kleine Hardware-Geräte, die an einen Computer oder ein anderes Gerät angeschlossen werden, um zusätzliche Funktionen bereitzustellen oder bestimmte Sicherheitsmaßnahmen zu erfüllen. Sie können in verschiedenen Formen und Größen vorliegen und werden oft für bestimmte Anwendungen verwendet (Abbildung 6 & 7). Dongles, die an einen Computer angeschlossen werden, können dazu verwendet werden, um sicherzustellen, dass nur berechtigte Benutzer auf eine bestimmte Anwendung zugreifen können. Obwohl es diese Art der Phishingprävention bereits seit mindestens 1981 gibt (New Scientists, 1981), wurde diese Technologie immer weiterentwickelt, was sich in einigen neueren Präventionsmaßnahmen widerspiegelt (siehe Kapitel 3.2.2). In derselben Weise funktionieren auch Kartenlesegeräte und biometrische Scanner, bei denen der Benutzer sich durch eine eigens für ihn ausgestellte Magnetkarte oder die eigenen biometrischen Merkmale authentifiziert. Allerdings kommen alle Methoden dieser Rubrik mit erheblichen Mehrkosten, da hierfür externe Hardware notwendig ist, die nicht jedem zur Verfügung steht.

3.2 Neuere Phishingprävention

So wie die neusten Phishingmethoden sich den aktuellen Sicherheitsmaßnahmen anpassen, so versuchen die neusten Phishingpräventionen den Angreifern einen Schritt voraus zu sein oder „outside of the box" zu denken. Allerdings gibt es einige allgemeine Trends und Techniken, die in den letzten Jahren vermehrt zum Einsatz kommen, von denen einige komplette Neuentwicklungen sind, andere hingegen Weiterentwicklungen von bereits bestehenden Systemen.

3.2.1 OTP / OATH Token

Das größte Problem an Passwörtern ist, dass sie nutzlos werden, sobald diese geknackt wurden. Um diesem Problem entgegenzuwirken, hat man begonnen, OTP generieren zu lassen. OTP steht für One-Time Password, was auf Deutsch Einmal-Passwort bedeutet. Ein OTP ist ein Passwort, welches nur einmal verwendet werden kann und nach der Nutzung, nach einem bestimmten Ereignis oder nach Ablauf einer Zeit ungültig wird (Richards, K, 2021). Dabei wird ein Authentifizierungsstandard der Open Authentification (OATH) benutzt. Es handelt sich hierbei entweder um TOTP (time-based one time password) oder HOTP (HMAC-based one-time password) (Smith, 2018; Yubico, 2023). Durch ein von einer Anwendung wie Microsoft Authenticator-App oder eine andere Authentifizierungs-App generiertes OATH-Softwaretoken kann ein Benutzer authentifiziert werden (Rewion, 2022). Im Beispielsfall von Microsofts Azure AD generiert die Software einen geheimen Schlüssel, der in die App eingegeben wird, um ein einmaliges Kennwort zu generieren. Dieser geheime Schlüssel ist der Ausgangswert für das Generieren des Einmalkennworts (Microsoft, 2023). Ein weiteres Anwendungsgebiet ist die Nutzung von Dongles als OATH-Hardware-Token, die zur Authentifizierung von Benutzern beim Fernzugriff auf Firmennetze und Ressourcen dienen (Rewion, 2022). In der Regel dienen Dongles als zusätzliche Sicherheitsmaßnahme, die es Angreifern erschwert, auf geschützte Ressourcen zuzugreifen oder unberechtigte Benutzer zu authentifizieren. Dabei unterscheiden sich die beiden Token insoweit, als dass Softwaretoken zwar günstiger sind, aber nur eine bestimmte Verwendungsdauer haben, wohingegen Hardwaretoken zwar teurer, aber aufgrund ihres physischen Vorhandenseins sicherer sind.

3.2.2 Zwei-Faktor-Authentifizierung / Multi-Factor Authentification

Die Zwei-Faktor-Authentifizierung (2FA) ist eine Sicherheitsmaßnahme, die dazu dient, den Zugriff auf einen Dienst oder eine Anwendung zu schützen, indem sie eine zusätzliche Stufe der Überprüfung einführt. Im Gegensatz zur traditionellen Authentifizierung, bei der nur ein Benutzername und ein Passwort benötigt werden, erfordert die Zwei-Faktor-Authentifizierung auch die Eingabe eines zweiten Faktors, der normalerweise ein temporärer Sicherheitscode ist, der an ein vom Benutzer bereitgestelltes Gerät gesendet wird, wie ein Smartphone oder ein Tablet (BSI, 2023b). Entsprechend ist ein weiteres Anwendungsgebiet von Dongles die Verwendung als Hardware-Sicherheitsschlüssel für zwei-Faktor-Authentifizierung. Diese Dongles generieren einmalige Codes, die zusammen mit einem Passwort verwendet werden können, um sich bei Online-Konten anzumelden.

Die Zwei-Faktor-Authentifizierung bietet eine zusätzliche Sicherheitsebene, indem sie verhindert, dass jemand, der Zugriff auf ein Passwort hat, auf diesen Account zugreifen kann, es sei denn, er hat auch Zugriff auf dieses Gerät, auf dem der temporäre Sicherheitscode empfangen wird. Die Zwei-Faktor-Authentifizierung wird von vielen großen Diensten und Anwendungen, wie Google, Facebook und Banken, angeboten und kann in der Regel in den Sicherheitseinstellungen des Dienstes oder der Anwendung aktiviert werden. Eine weltweite Umfrage unter mehr als 1.000 Führungskräften ergab, dass acht von zehn Unternehmen eine Zwei-Faktor-Authentifizierung verwenden und 96 % der Führungskräfte erwarten, dass ihr Unternehmen die 2FA-Nutzung in Zukunft noch erweitern werde (Thales, 2019).

Jedoch gibt es unterschiedliche Authentifikationsmethoden und nicht alle Methoden der Zwei-Faktor-Authentifizierung sind gleichermaßen sicher. SMS-basierte und sprachbasierte 2FA können anfälliger für Angriffe sein, da sie auf Telefonnetzen basieren, die möglicherweise von Angreifern manipuliert werden können. Dazu gehören Angriffe wie Social Engineering, bei denen Mitarbeiter von Telefonnetzen dazu gebracht werden, Telefonnummern auf die SIM-Karte eines

Bedrohungsakteurs zu übertragen (Matthiesen, 2022). Es gibt auch Angriffe wie SIM-Swapping, bei denen Angreifer Zugriff auf fremde Handy-Nummern erlangen und Nachrichten inklusive 2FA-Einmalcodes abfischen können (Ellis, 2020). Telefonnetze sind zudem anfällig für wechselnde Vorschriften, Ausfallzeiten und Leistungsprobleme, was die Verfügbarkeit von 2FA-Mechanismen insgesamt beeinträchtigen kann. Im schlechtesten Fall könnten sich Nutzer aufgrund von Problemen mit dem 2FA-Mechanismus nicht authentifizieren. Aufgrund dieser Faktoren wird empfohlen, stärkere Methoden der Zwei-Faktor-Authentifizierung zu verwenden, wie zum Beispiel Authenticator-Apps wie Microsoft Authenticator, Authy oder Hardware-Sicherheitsschlüssel wie den YubiKey 5 NFC (Abbildung 8). Diese Methoden sind in der Regel sicherer, da sie nicht auf Telefonnetzen basieren und somit weniger anfällig für Angriffe sind.

3.2.3 Weiterbildungsmaßnahmen / Datenschutzseminare

Zusätzlich zu den bereits genannten Maßnahmen können Unternehmen ihre Mitarbeiter schulen, indem sie Weiterbildungsmaßnahmen und Datenschutzseminare anbieten oder verpflichtend einführen. Als Beispiel dafür hat die Sparkasse in Deutschland das Seminar PPVZ (Phishing-Prävention im Zahlungsverkehr) ins Leben gerufen, um seine Mitarbeiter gezielt auszubilden (Wolf, 2023). Zusätzlich können bei Weiterbildungsmaßnahmen auch Phishing Simulationen durchgeführt werden, um Mitarbeiter zu überprüfen und einen Phishingangriff lebensecht darzustellen. Des Weiteren können Phishingangriffe im Arbeitsalltag durch eigene Kräfte simuliert werden.

3.2.4. Deaktivierung von HTML-Mail und Makros

Eine simple, jedoch wirksame Gegenmaßnahme gegen Phishing ist die Verwendung von "Nur-Text"- oder "reinen Text"-E-Mails, die keine Makros oder versteckte Befehle enthalten und deren Webadressen nicht verschleiert werden können. Anstatt den Phishingtrends technologisch entgegenzuwirken, versucht man hier, so einfach wie möglich zu arbeiten, um keine Schlupflöcher zuzulassen. Wenn die Verwendung von "Nur-Text"-E-Mails nicht möglich oder nicht gewünscht ist, kann man ebenfalls die Ausführung von aktiven Inhalten in HTML-Mails unterdrücken, um zu verhindern, dass schadhafte Skripte ausgeführt werden.

3.2.5 Risk-based Authentication (RBA) & User Behavior Analytics (UBA)

Risk-based Authentication (RBA) ist eine Methode zur Überprüfung von Benutzeranmeldungen, die darauf basiert, das Risiko zu bewerten, dass eine bestimmte Anmeldung ungültig oder gefälscht ist. Schon früher wurden beispielsweise auffällige Banküberweisungen einer nochmaligen Prüfung unterzogen (Brühl, 2014). Mit der Verlagerung eines Großteils der Transaktionen auf IT-basierte Systeme verlagert sich jedoch ebenfalls die Prüfung.

Im Gegensatz zu den bisher genannten Präventionsmethoden, bei denen jeder Benutzer das gleiche Sicherheitsniveau erhält, wird bei RBA das benötigte Sicherheitsniveau auf der Grundlage des Risikos festgelegt, das mit der Anmeldung verbunden ist. Es gibt eine Reihe von Faktoren, wodurch dies überprüft werden kann, wie z. B. der IP-Adresse, dem Standort des Benutzers, dem Gerät, das verwendet wird, und dem Verhalten des Benutzers, wie z.B. ob er üblicherweise von einer bestimmten IP-Adresse oder einem bestimmten Gerät aus angemeldet ist. Wenn ein Benutzer sich von einem ungewöhnlichen Standort oder Gerät aus anmeldet, kann eine zusätzliche Überprüfung erforderlich sein, wie z. B. das Eingeben eines Einmalkennworts (OTP) oder die Verwendung einer biometrischen Authentifizierung (TechTarget, 2014).

Zusätzlich kann User Behavior Analytics (UBA) zur Überwachung und Analyse des Verhaltens von Benutzern in einem Netzwerk oder System hinzugezogen werden, um potenzielle Bedrohungen oder Abweichungen von normalen Verhaltensmustern zu erkennen. Die Technologie nutzt Machine-Learning-Algorithmen und statistische Methoden, um Verhaltensmuster zu identifizieren und zu bewerten, die von normalen Benutzeraktivitäten abweichen. Diese Informationen können dann verwendet werden, um Bedrohungen und Risiken frühzeitig zu erkennen und zu bewerten, bevor sie zu einer Sicherheitsverletzung führen. UBA-Lösungen können bei der Überwachung und Bewertung von Benutzeraktivitäten in unterschiedlichen Bereichen wie Netzwerken, Cloud-Umgebungen und Endpunkten eingesetzt werden. Allerdings ist UBA aus datenschutzrechtlicher Sicht als kritisch anzusehen (Luber/Schmitz, 2020). Beide Verfahren lassen sich jedoch auch leicht manipulieren und können sogar das Gegenteil bewirken. Sie sollten deswegen nur in Kombination mit anderen Sicherheitsmaßnahmen genutzt werden.

4. Fazit

Im Rahmen dieser Arbeit wurden die neueren Phishing-Methoden und deren Prävention untersucht. Phishing ist eine ernste Bedrohung für Unternehmen und Individuen, die sich immer weiterentwickelt. Laut dem Sicherheitsindex 2022 des „Deutschland sicher im Netz e.V." liegt die Internetsicherheit in Deutschland auf seinem historischen Tiefstand, da das Schutzniveau stagniert und die Bedrohungslage zunimmt (Knop. 2022). Da Phishing-Angriffe sich ständig weiterentwickeln und neue Taktiken und Techniken verwenden, ist es wichtig, immer auf dem Laufenden zu bleiben und sich über die neuesten Bedrohungen und Präventionsmaßnahmen zu informieren. Unternehmen und Benutzer müssen Maßnahmen ergreifen, um sich vor dieser Bedrohung zu schützen, indem sie sichere Passwörter verwenden, vorsichtig mit Links und Anhängen umgehen und Mitarbeiter schulen. Durch die Einhaltung dieser Verfahren, regelmäßige Überprüfung und Aktualisierung von Software sowie die Verwendung von Tools wie eine aktuelle Antivirus-Software und Zwei-Faktor-Authentifizierung können Unternehmen als auch Benutzer das Risiko von Phishing-Angriffen minimieren und sich vor den schwerwiegenden Folgen schützen.

Als starken und schnellen Kompromiss hat sich die Zwei-Faktoren-Authentifikation herauskristallisiert (Whittaker, 2019), obwohl laut einer GfK Studie im Auftrag von Mastercard 2019 erst 37% der Befragten mindestens einmal in zwölf Monaten eine solche durchführen mussten (Schmitz-Engels, 2020). Auch der Gesetzgeber setzte die PSD2 (Payment Service Directive 2) durch Änderungen im Zahlungsdiensteaufsichtsgesetz 2021 um, wodurch die Zwei-Faktor-Authentifikation zur Pflicht im elektronischen Zahlungsverkehr wurde (Richtlinie (EU) 2015/2366;

Schirmer, 2023). Größtes Problem dürften hierbei die erweiternden Hürden durch die zusätzliche Authentifikation sein, sowie die Ablehnung erweiterter Sicherheitsmaßnahmen durch nicht technikaffine Personen.

Das Aufkommen des ChatGPT bzw. des Sprachverarbeitungsmodells GPT-3 hat bereits im jungen Jahr 2023 Schlagzeilen gemacht. Konnte man früher Phishingmails oft an fehlerhafter Grammatik oder Buchstaben aus anderen Alphabeten erkennen (siehe Kapitel 2.1), schreiben Chatbots heute ganze Phishingmails ohne derlei Fehler (Schirrmacher, 2023). Abgesehen von der Möglichkeit, mit dieser Technologie auch Malware herzustellen, könnten sich in Zukunft auch andere Phishingmodelle herauskristallisieren. Möglich wäre als Beispiel Video-Cloning, einer erweiterten Form des Voice-Cloning, bei dem das Abbild einer Person durch eine künstliche Intelligenz erzeugt wird.

Um künftig mit möglichst geringen Unsicherheiten agieren zu können, sollten die durch die in der Vergangenheit gewonnenen Erkenntnisse in Verbindung mit den in dieser Arbeit herausgearbeiteten Handlungsempfehlungen angewendet werden, doch auch in Zukunft bleibt Wachsamkeit der größte Garant für Sicherheit.

Literaturverzeichnis

Baker, 2021, WHAT IS VOICE CLONING AND HOW DOES IT WORK?

Abgerufen von:

https://www.veritonevoice.com/blog/what-is-voice-cloning-and-how-does-it-work/

Bellmann, L. et al., 2021, Digitalisierungsschub in Firmen während der Corona-Pandemie

Abgerufen von:

https://www.wirtschaftsdienst.eu/inhalt/jahr/2021/heft/9/beitrag/digitalisierungsschub-in-firmen-waehrend-der-corona-pandemie.html

Bitkom Presseinformation, 2022

Abgerufen von:

https://www.bitkom.org/Presse/Presseinformation/Wirtschaftsschutz-2022#:~:text=Berlin%2C%2031.,2021%20mit%20223%20Milliarden%20Euro

Bedell, 2021, Definition: Spear Phishing

Abgerufen von:

https://www.computerweekly.com/de/definition/Spear-Phishing

Berg, A., 2022, Wirtschaftsschutz 2022

Abgerufen von:

https://www.bitkom.org/sites/main/files/2022-08/Bitkom-Charts_Wirtschaftsschutz_Cybercrime_31.08.2022.pdf

Belcic, I., 2022, Avast: Der grundlegende Leitfaden zum Thema Phishing: Wie es funktioniert und wie Sie sich davor schützen können

Abgerufen von:

https://www.avast.com/de-de/c-phishing

Brühl, 2014, Süddeutsche Zeitung - So durchleuchten Banken Überweisungen

Abgerufen von:

https://www.sueddeutsche.de/geld/alarm-wegen-betreffzeile-so-durchleuchten-banken-ueberweisungen-1.1951908

BSI, 2023a, Zwei-Faktor-Authentisierung

Abgerufen von:

https://www.bsi.bund.de/DE/Themen/Verbraucherinnen-und-Verbraucher/Cyber-Sicherheitslage/Methoden-der-Cyber-Kriminalitaet/Spam-Phishing-Co/Passwortdiebstahl-durch-Phishing/Aktuelle-Beispiele-fuer-Phishing/aktuelle-beispiele-fuer-phishing_node.html

BSI, 2023b, Zwei-Faktor-Authentisierung

Abgerufen von:

https://www.bsi.bund.de/DE/Themen/Verbraucherinnen-und-Verbraucher/Informationen-und-Empfehlungen/Cyber-Sicherheitsempfehlungen/Accountschutz/Zwei-Faktor-Authentisierung/zwei-faktor-authentisierung_node.html

Brewster, 2021, Fraudsters Cloned Company Director's Voice In $35 Million Bank Heist, Police Find

Abgerufen von:

https://www.forbes.com/sites/thomasbrewster/2021/10/14/huge-bank-fraud-uses-deep-fake-voice-tech-to-steal-millions/

Deutsche Gesellschaft für Cybersicherheit, 2020, Phishing: Die wohl beliebteste Masche der Cyberkriminellen

Abgerufen von:

https://dgc.org/phishing/

Dreißigacker, A. et al., 2021, Cyberangriffe gegen Unternehmen in Deutschland. Ergebnisse einer Folgebefragung 2020. Hannover: KFN-Forschungsbericht Nr. 162.

EASYDMARC, 2022, Ransomware vs. Malware vs. Phishing

Abgerufen von:

https://easydmarc.com/blog/de/ransomware-vs-malware-vs-phishing/

Ellis, 2020, SIM Swap Attacks are making SMS Two-Factor Authentication Obsolete

Abgerufen von:

https://www.phishlabs.com/blog/sim-swap-attacks-two-factor-authentication-obsolete/

Fox, Dirk, 2005: Phishing

Abgerufen von:

https://link.springer.com/article/10.1007/s11623-021-1521-3

Knop, 2022, Sicherheitsindex sinkt: DsiN sieht IT-Sicherheitsgefälle in der Bevölkerung

Abgerufen von:

https://www.heise.de/news/Sicherheitslage-DsiN-sieht-IT-Sicherheitsgefaelle-in-der-Bevoelkerung-7142533.html

Luber/Schmitz, 2020, Was ist User Behavior Analytics (UBA)?

Abgerufen von:

https://www.security-insider.de/was-ist-user-behavior-analytics-uba-a-983970/

Matthiesen, 2022, Warum Zwei-Wege-Authentifizierung (2FA) nicht immer sicher ist

Abgerufen von:

https://www.imtest.de/150728/ratgeber/2fa-warum-zwei-wege-authentifizierung-nicht-immer-sicher-ist/

Microsoft, 2023, Authentifizierungsmethoden in Azure Active Directory – OATH-Token

Abgerufen von:

https://learn.microsoft.com/de-de/azure/active-directory/authentication/concept-authentication-oath-tokens

Merriam-Webster, 2014

Abgerufen von:

https://www.merriam-webster.com/dictionary/dongle?show=0&t=1394418518

Neskey, 2022, Hive Systems, Are Your Passwords in the Green?

Abgerufen von:

https://www.hivesystems.io/blog/are-your-passwords-in-the-green

New Scientists, 1981, Battle against software piracy begins

Abgerufen von:

https://books.google.de/books?id=EIZl3TDTGTsC&pg=PA24&q=dongle#v=onepage&q=dongle&f=
false

Polizei-Prävention.de, 2023, Ratgeber Internetkriminalität - Phishing

Abgerufen von:

https://www.polizei-praevention.de/themen-und-tipps/straftaten-im-netz/phishing

Resilience Operation Center, 2022, Phishing – Wie man durch Mitarbeitertraining / Sculdung
vorbeugen kann

Abgerufen von:

https://resilienceoperations.center/presse/phishing-wie-man-durch-mitarbeitertraining-schulung-
vorbeugen-kann/

Jaun, R., 2022, So viel kosten Unternehmenszugänge im Dark Web

Abgerufen von:

https://www.swisscybersecurity.net/cybersecurity/2022-06-20/so-viel-kosten-
unternehmenszugaenge-im-dark-web

Rewion, 2022, IT-Security: ein Überblick über IT-Sicherheit in Unternehmen

Abgerufen von:

https://www.rewion.com/fachwissen/it-security-2/

Richards, K, 2021, DEFINITION one-time password (OTP)

Abgerufen von:

https://www.techtarget.com/searchsecurity/definition/one-time-password-OTP

Sandler, 2021, Schockierender Selbstversuch: Nutzerdaten-Check im Darknet – so schützt du dich

Abgerufen von:

https://www.inside-digital.de/ratgeber/selbstversuch-nutzerdaten-check-im-darknet-positiv

Schirmer, 2023, Zwei-Faktor-Authentifizierung: Pflicht für Unternehmen seit Anfang 2021

Abgerufen von:

https://www.lexware.de/wissen/unternehmensfuehrung/zwei-faktor-authentifizierung/

Schirrmacher, 2023, Sicherheitsforscher lassen KI GPT-3 überzeugende Phishing-Mails schreiben

Abgerufen von:

https://www.heise.de/news/Sicherheitsforscher-lassen-KI-GPT-3-ueberzeugende-Phishing-Mails-schreiben-7461383.html

Schmitz-Engels, 2020, Bezahltrends im Handel 2020

Abgerufen von:

https://www.mastercard.com/news/europe/de-de/newsroom/kurznachrichten/de-de/2020/oktober/bezahltrends-im-handel-2020-zwei-drittel-der-deutschen-haben-ihr-bezahlverhalten-in-diesem-jahr-verandert/

SiBa, 2020, Google Drive-Scam: Vorsicht vor neuer Phishing-Methode

Abgerufen von:

https://www.sicher-im-netz.de/google-drive-scam-vorsicht-vor-neuer-phishing-methode

Smith, 2018, HOTP und TOTP: Welche Unterschiede gibt es?

Abgerufen von:

https://de.microcosm.com/blog/hotp-totp-what-is-the-difference

Sjouwerman, 2022, OSINT – a Hacker's First Asset in Targeted Attacks

Abgerufen von:

https://blog.knowbe4.com/osint-a-hackers-first-asset-in-targeted-attacks

Abgerufen von:

https://www.siz.de/fileadmin/introduction/downloads/Produkt-Flyer/2021/Flyer_PPZV_A4.pdf

Sunny, 2022, Clone-Phishing: Gefährliche Phishing-Masche auf dem Vormarsch

Abgerufen von:

https://tarnkappe.info/artikel/online-betrug/clone-phishing-gefaehrliche-phishing-masche-auf-dem-vormarsch-259972.html

Thales eSecurity, 2019, Thales access management index

Abgerufen von:

https://cpl.thalesgroup.com/resources/access-management/2019/access-management-index-report

Thompson, 2021,

Abgerufen von: HTTPS Phishing Attacks: How Hackers Use SSL Certificates to Feign Trust

https://www.keyfactor.com/blog/https-phishing-attacks-how-hackers-use-ssl-certificates-to-feign-trust/

TechTarget, 2014, DEFINITION risk-based authentication (RBA)

Abgerufen von:

https://www.techtarget.com/searchsecurity/definition/risk-based-authentication-RBA

Whittaker, 2019, Google's own data proves two-factor is the best defense against most account hacks

Abgerufen von:

https://techcrunch.com/2019/05/20/google-data-two-factor-security/

Whitney, 2022, Hackers exploit Google Docs in new phishing campaign

Abgerufen von:

https://www.techrepublic.com/article/hackers-exploit-google-docs-in-new-phishing-campaign/

Yubico, 2023, What is OATH-TOTP

Abgerufen von:

https://www.yubico.com/resources/glossary/oath-totp/

Wolf, 2023, Phishing-Prävention im Zahlungsverkehr (PPZV)

Abgerufen von:

https://www.siz.de/de/themenfelder/s-cert/phishing-praevention-im-zahlungsverkehr-ppzv.html

Anhänge und Materialien

Abbildung 1:

aktualisiert Amazon-Konto ☆

Amazon.de-Bestellung   16.11.2022, 06:41 Uhr

An: noreplyamazon@t-online.de

noreplyamazon@t-online.de

Datum: 16.11.2022
Es liegt ein Problem mit Ihrem Amazon-Konto vor. Ihre Rechnungsinformationen müssen aktualisiert werden, da ungewöhnliche Transaktionen auf Ihrem Konto erfolgen, um das Konto wieder zu aktivieren : Klicken hier

Es ist zwingend erforderlich, dass Sie den gesamten Prozess abschließen.

Quelle: Eigene

Abbildung 2:

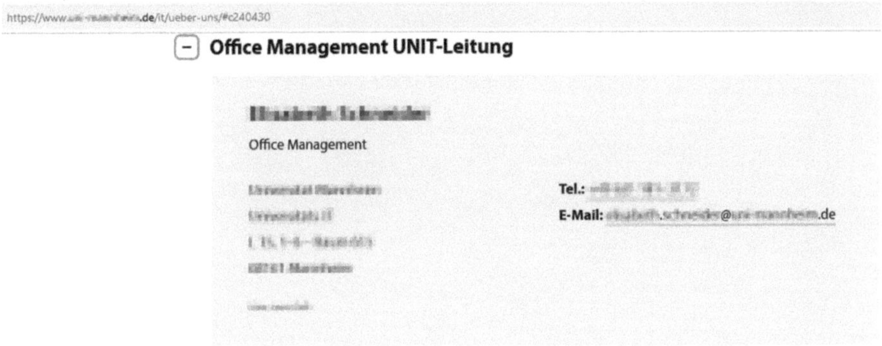

https://www.uni-mannheim.de/it/ueber-uns/#c240430

⊟ **Office Management UNIT-Leitung**

Office Management

Universität Mannheim
Universität IT
L 15, 1-6 - Raum 003
68161 Mannheim

Tel.:
E-Mail: elisabeth.schneider@uni-mannheim.de

Quelle: Eigene

Abbildung 3:

Außerhalb der Geschäftszeiten nehmen wir Ihre Anfragen auf unserer Mailbox entgegen und bearbeiten diese am darauffolgenden Geschäftstag. Auch per E-Mail sind wir jederzeit für Sie erreichbar.

Fachhandelsgruppe GmbH & Co. KG
Erich-Rieder-Straße 10-14
71116 Gärtringen

Tel.: +49 (0)7034 122-656
E-Mail: info(at)zweygart.de

Baubeschläge/Möbelbeschläge
Tel.: ▮▮▮▮▮▮▮▮
Mail: beschlaege@zweygart.de

Bauelemente
Tel.: +49 (0)7034 122 609
Mail: bauelemente@zweygart.de

Buchhaltung
Tel.: +49 (0)7034 122 644
Mail: buchhaltung@zweygart.de

Ersatzteile
Tel.: +49 (0)7034 122 731
Mail: ersatzteile@zweygart.de

Kundendaten
Tel.: +49 (0)7034 122 515
Mail: kundendaten@zweygart.de

Reparaturen
Tel.: +49 (0)7034 122 731
Mail: reparaturen@zweygart.de

Sicherheitstechnik
Tel.: +49 (0)7034 122 623
Mail: sicherheitstechnik@zweygart.de

Werkzeuge
Tel.: +49 (0)7034 122 636
Mail: kundenservice@zweygart.de

Quelle: Eigene

Abbildung 4:

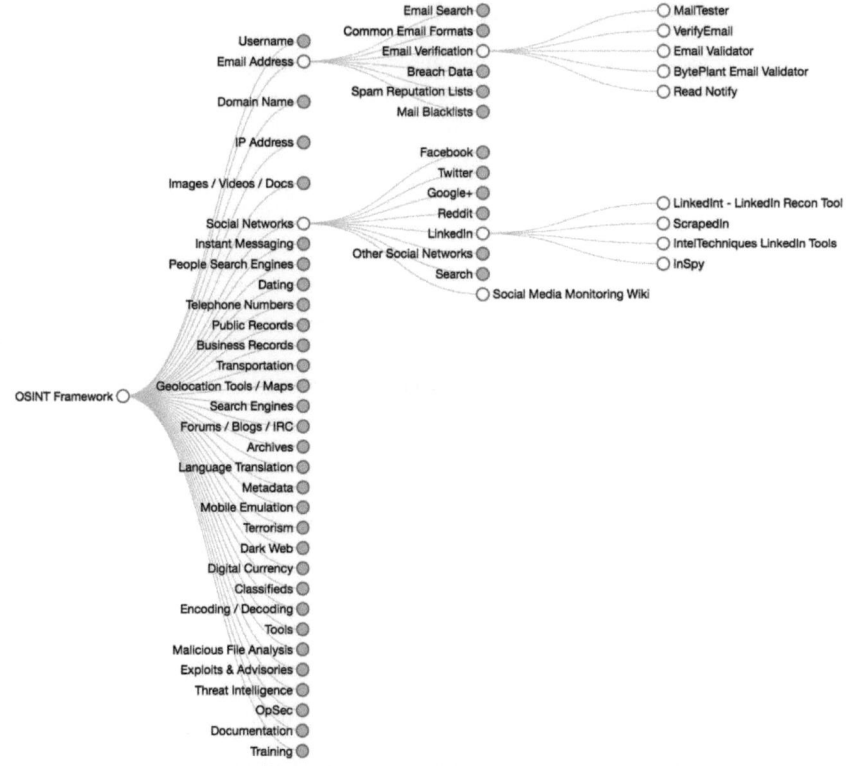

Abgerufen von: https://osintframework.com/

Abbildung 5:

```
Anm. der Redaktion:
aus urheberrechtlichen Gründen wurde diese Abbildung entfernt.
```

Abgerufen von:

https://www.hivesystems.io/blog/are-your-passwords-in-the-green

Abbildung 6:

```
Anm. der Redaktion:
aus urheberrechtlichen Gründen wurde diese Abbildung entfernt.
```

Abgerufen von:

https://cpl.thalesgroup.com/de/software-monetization/all-products/sentinel-hl-pro

Abbildung 7:

```
Anm. der Redaktion:
aus urheberrechtlichen Gründen wurde diese Abbildung entfernt.
```

Abgerufen von:

https://www.cryptoken.com/de/products/crypto-boxr-parallel/342

Abbildung 8:

```
Anm. der Redaktion:
aus urheberrechtlichen Gründen wurde diese Abbildung entfernt.
```

Abgerufen von:

https://www.yubico.com/de/product/yubikey-5-nfc/